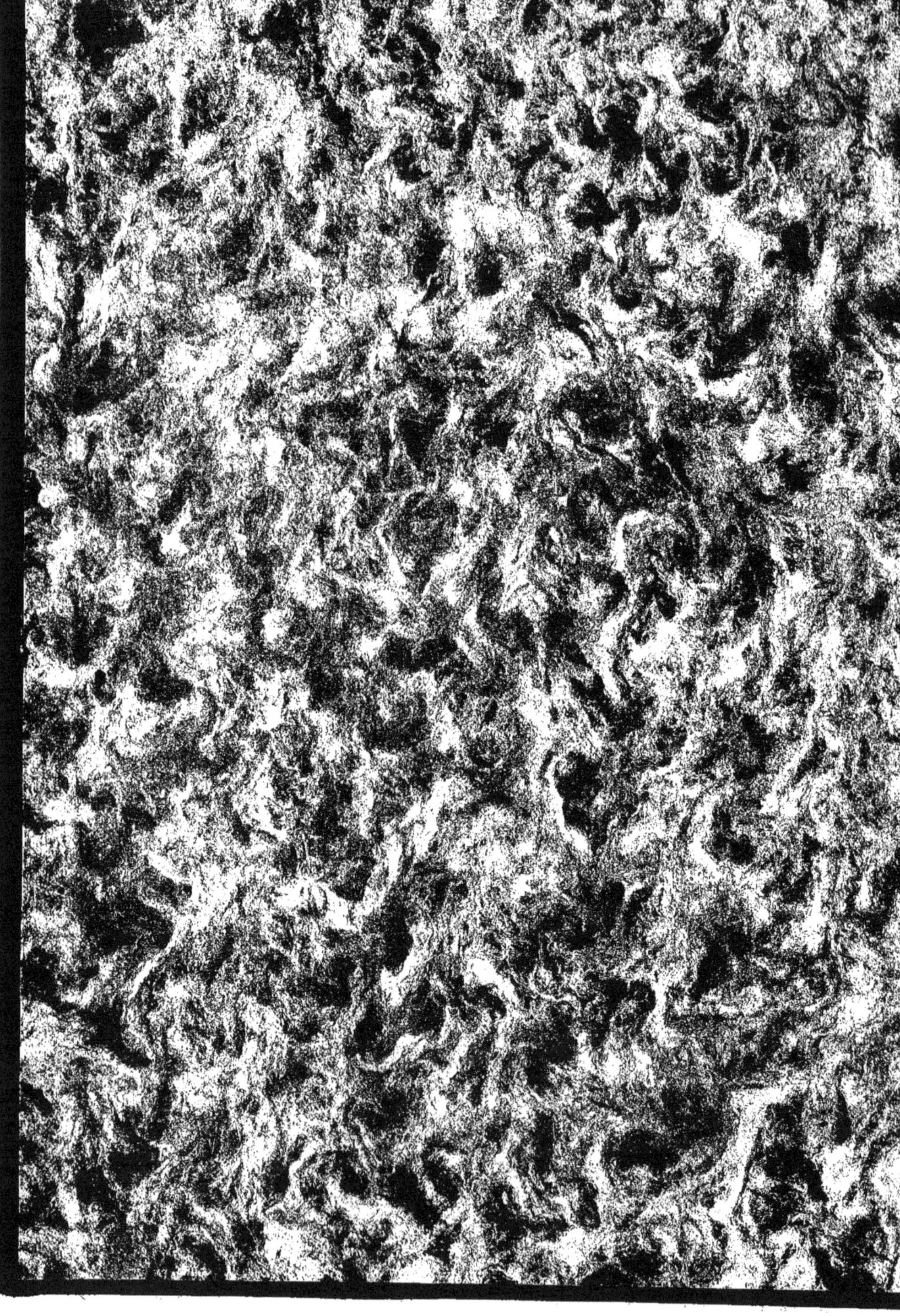

LES

TROIS STATUES

DU

CARDINAL DE BÉRULLE

ÉTUDE ARCHÉOLOGIQUE

SUIVIE D'UNE AUTOBIBLIOGRAPHIE

LES

TROIS STATUES

DU

CARDINAL DE BÉRULLE

ÉTUDE ARCHÉOLOGIQUE

SUIVIE D'UNE AUTOBIBLIOGRAPHIE

Tiré à [illegible] exemplaires numérotés.

LES

TROIS STATUES

DU

CARDINAL DE BÉRULLE

PAR

LE P. INGOLD

ÉTUDE ARCHÉOLOGIQUE SUIVIE D'UNE AUTOBIBLIOGRAPHIE

PARIS

CH. POUSSIELGUE, LIBRAIRE-ÉDITEUR

15, RUE CASSETTE, 15

1893

AVANT-PROPOS

« Le grand et saint cardinal Pierre de Bérulle, dont la mémoire est en bénédiction par toute la France[1] », a inspiré plusieurs des premiers artistes dont s'honore notre pays.

Rappelons la magistrale peinture de PHILIPPE DE CHAMPAIGNE, conservée au séminaire de Saint-Sulpice[2], et souvent reproduite par la gravure[3]; — la très belle œuvre[4] de SIMON VOUET, placée au-dessus de l'autel de la petite église de Cérilly, lieu de naissance du vénéré fondateur de l'Oratoire. Citons encore un petit pastel de LE NAIN[5], sur lequel j'ai eu la bonne fortune de mettre la main, il y a quelques années, et qui est d'une facture exquise.

Pour la sculpture, nous nous trouvons en présence d'œuvres plus remarquables encore; car on peut sans exagération ranger parmi les plus belles créations du génie humain les statues du cardinal de Bérulle conservées au Grand Couvent et à Juilly.

1. Ces expressions sont du Bienheureux Grignon de Montfort.
2. Une bonne copie de ce chef-d'œuvre se trouve à l'Oratoire de Paris.
3. En partie seulement, par exemple dans le troisième volume du bel ouvrage de M. Houssaye. L'œuvre entière mériterait bien d'être gravée.
4. Cette peinture attend aussi les honneurs d'une reproduction; et c'est urgent, car elle est déjà fort dégradée.
5. Je n'ai pu savoir auquel des trois Le Nain ce portrait doit être attribué. On sait que « s'il est impossible de ne pas reconnaître dès l'abord la main des Le Nain, lorsqu'on se trouve en présence d'un de leurs tableaux, il est malheureusement presque impossible aussi d'attribuer ce tableau plus particulièrement à l'un des trois artistes qui ont porté ce nom ». *Magasin pittoresque*, 1850, p. 147.

Ces deux statues, pas plus que la troisième, dont on ne possède malheureusement qu'une partie, n'ont jamais été fixées par la gravure [1]. Nous en donnons aujourd'hui trois excellentes reproductions par l'héliogravure, en accompagnant cette publication de quelques renseignements puisés à diverses sources [2].

1. On ne peut considérer comme de suffisantes reproductions de ces chefs-d'œuvre la mauvaise gravure de la statue d'Anguier, qui est dans Millin, et que j'ai donnée en réduction dans l'*Église de l'Oratoire Saint-Honoré*, et le fac-similé également très imparfait de l'une des statues de Sarazin, publié par Landon, et dont on reparlera plus bas.

2. L'iconographie du P. de Bérulle, fournie à M. Houssaye par le vicomte Delaborde, est fort incomplète, quoi qu'en dise le savant historien du fondateur de l'Oratoire. J'ai réuni près d'une cinquantaine de gravures diverses du P. de Bérulle dont beaucoup ne sont pas mentionnées par M. Delaborde. (Elles sont conservées aujourd'hui aux *Archives de l'Oratoire.*) Il y a aussi les peintures de Juilly, de M. Hamel, des Carmels de l'avenue de Saxe et de Tours, de la Rochelle, de Versailles, du Mans, etc.

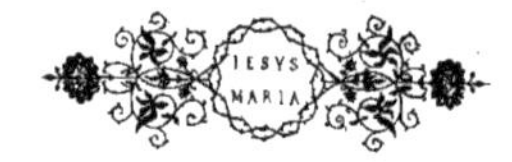

Héliog. Dujardin

Imp. Chardon-Wittmann

I

LA STATUE DU GRAND COUVENT

Cette statue fut érigée en 1657[1], dans la chapelle de la Madeleine de l'église du premier monastère ou Grand Couvent des Carmélites, que le P. de Bérulle avait introduites en France et qui étaient gardiennes du cœur du serviteur de Dieu. Au moment de la Révolution, elle fut placée au musée des monuments français, où elle resta jusqu'en 1815. A cette époque, rachetée par une petite-nièce du cardinal, elle fut donnée par elle au Grand Couvent, où elle se trouve toujours[2].

Nous empruntons à M. Houssaye[3] la description de ce chef-d'œuvre : « Sur un piédestal de marbre blanc dont la composition sobre et sévère n'a admis pour ornement que le blason des Bérulle, supporté par des génies[4], et deux bas-reliefs où un ciseau habile a reproduit le sacrifice offert par Noé au sortir de l'arche, et le sacrifice de la loi nouvelle célébré par saint Philippe de Néri, le cardinal de Bérulle est représenté, de grandeur naturelle, dans le costume de sa

1. C'est bien la date que porte l'inscription, et non 1655, comme a lu Landon (*Annales*, X, p. 91).

2. Cousin, *la Jeunesse de Madame de Longueville*, 5e édition, p. 391. — Les Carmélites n'occupent plus aujourd'hui (rue Denfert-Rochereau, 26) qu'une petite partie de l'ancien monastère. Leur superbe église a été démolie pendant la Révolution.

3. *Opus laud.*, III, p. 508.

4. C'est le bas-relief de face : on le distingue parfaitement sur notre gravure, ainsi que l'inscription qui le surmonte.

dignité. Son corps agenouillé est porté en avant par l'élan de la prière, et cependant il paraît comme affaissé sous l'action divine qui le presse. Les mains, qui tiennent la barrette cardinalice, se rejoignent sur la poitrine, et expriment, elles aussi, l'ardeur de la supplication et la profondeur de l'anéantissement. « Sur ses traits recueillis et pénétrés, dans ses yeux levés vers le ciel respire l'âme du grand serviteur de Dieu, *mort à l'autel comme un guerrier au champ d'honneur* [1] ! La tête est d'un naturel parfait, comme Champaigne aurait pu la peindre, et d'une grâce sévère qui rappelle Lesueur et Poussin. » Ce marbre est une des plus belles choses qu'on puisse voir. Il vit, il prie, il adore. »

Cet admirable monument, élevé par la piété de l'abbé E. Le Camus [2], est dû au ciseau du célèbre Jacques Sarazin. Les bas-reliefs ont été attribués [3] à un de ses élèves, Lestocart, mais sans fondement, croyons-nous : l'éloge funèbre de Sarazin [4], témoignage contemporain, ne permet pas de dire que ces excellents morceaux, nullement indignes du grand maître, ne sont pas de lui.

1. Toute cette citation est de Cousin (*Du vrai, du beau et du bien*, 10e édition, p. 244); la phrase soulignée a été omise par M. Houssaye. — M. Hamel (*Histoire de Juilly*, livre Ier, ch. II) applique par erreur ces paroles de Cousin au marbre d'Anguier. Du reste, ce que le savant historien de Juilly dit au sujet des statues du cardinal de Bérulle est confus et inexact.

2. Oncle du saint évêque de Grenoble. Cfr. BELLET, *Histoire du cardinal Le Camus*, première pièce justificative, p. 2.

3. Notamment dans l'Inventaire cité par COUSIN, *la Jeunesse de Madame de Longueville*, 5e édit., p. 386; par LANDON, avec un certain doute (M. Houssaye est plus affirmatif, mais sans donner de preuves), dans ses *Annales du musée et de l'École moderne des beaux-arts*, XI, p. 149, où il donne (planche LXXII), gravée par NORMAND, une reproduction au trait du bas-relief du sacrifice de la messe. Le même ouvrage (t. X, p. 91 et planche XLIII) contient la reproduction, au trait également, et du même graveur, de la statue.

4. Par GUILLET DE SAINT-GEORGES, dans les *Mémoires inédits sur la vie et les ouvrages des membres de l'Académie royale de peinture et de sculpture*, p. p. DUSSIEUX, SOULIÉ, CHENNEVIÈRES, etc. Paris, Dumoulin, 1854, I, p. 115.

Héliog. Dujardin — Imp. Chardon-Wittmann

II

LA STATUE DE L'INSTITUTION

Dans le voisinage du Grand Couvent, à l'Institution de l'Oratoire, on admirait un second mausolée, dû à la libéralité de Nicolas Pinette[1], trésorier du duc d'Orléans, et au ciseau infatigable de Sarazin[2]. C'était un carré long, haut de huit à neuf pieds. Sur la partie inférieure se trouvait une urne de marbre noir contenant le bras droit du cardinal de Bérulle[3]. Au-dessus, on voyait sa statue en marbre blanc[4]. « La physionomie du cardinal est expressive et vraie, elle respire la mansuétude. Le regard, plein de bonté et de vie, reflète tous les mouvements de son âme, la bonté de son cœur et la pénétration de son esprit. Toute son attitude est parlante; c'est bien là celle que devait avoir ce grand serviteur de Dieu dans son commerce habituel avec l'Eucharistie : attitude humble, mais confiante, comme celle de tous les saints. Cette belle statue est l'un des chefs-d'œuvre du maître et peut-être de la statuaire française du grand siècle[5]. »

Ce monument avait été érigé en 1658.

Transportée, après la Terreur, au musée de Lenoir, la statue en fut retirée en 1806 par le duc d'Otrante, qui la donna au collège de Juilly. Placée dans l'ancienne chapelle, puis dans la nouvelle, elle en fait le plus bel ornement[6].

1. Le généreux fondateur de la maison d'institution.
2. Cousin attribue sans fondement la statue de l'Institution tantôt à François, tantôt à Michel Anguier.
3. On ne sait pas malheureusement ce qu'est devenue cette précieuse relique.
4. HOUSSAYE, *op. laud.*, III, p. 509.
5. HAMEL, *op. cit.*, p. 13.
6. Un moulage (assez médiocre) de cette statue se trouve au musée de Versailles où on l'attribue à PIGAL (*sic*), né cinquante-six ans après l'érection de ce monument. — Il y a aussi, au même musée, un buste en marbre du P. de Bérulle.

Le Cardinal de Bérulle

Héliog. Dujardin — Imp. Chardon Wittmann

III

LA STATUE DE LA MAISON SAINT-HONORÉ

Un an après l'érection du monument de l'Institution, le P. Bourgoing, troisième successeur du P. de Bérulle, lui élevait à son tour un mausolée, dans l'église de l'Oratoire Saint-Honoré, au-dessus même des restes vénérés du saint fondateur.

J'ai donné ailleurs[1] la description de ce tombeau exécuté par François Anguier[2].

De l'aveu de tous, cette statue dont malheureusement il ne reste que le buste[3], que nous reproduisons, est une des meilleures œuvres de François Anguier[4].

Ce buste, donné aux Carmélites de la rue d'Enfer, a été rendu par elles à l'Oratoire au moment de sa restauration. Il est actuellement conservé dans la salle de communauté de la maison de Paris.

1. *L'Église de l'Oratoire Saint-Honoré, étude historique et archéologique.* Paris, 1887, in-8, p. 44 et 81.

2. L'attribution à F. Anguier n'est pas unanime, mais elle paraît difficile à contester. Cfr. étude citée note précédente, p. 44, et surtout la très complète notice sur les *Frères Anguier* de mon excellent ami H. Stein (Paris, Plon, 1889, in-8), p. 13.

3. Et encore est-il fortement endommagé, comme on le voit par la photogravure.

4. D*** (D'ARGENVILLE). *Vie des plus fameux sculpteurs*, p. 169; L. ET R. MÉNARD. *De la Sculpture antique et moderne*, p. 362, etc., etc.

Inservire Deo Patriæ Charis et amicis
Unica Cura mihi Cetera vana puto

APPENDICE

AUTOBIBLIOGRAPHIE

Facta. — Facienda.

Après quinze années (*longum ævi spatium!*) de travaux toujours continués dans la même voie, et au moment d'être amené par les circonstances à entreprendre d'autres études, on a pensé qu'il y aurait de l'intérêt à donner, à l'imitation d'un maître qui est aussi un ami [1], un aperçu du chemin parcouru. A cette liste de mes publications (*facta*), j'ai cru devoir ajouter, par-ci par-là, quelques notes sur des projets non mis à exécution, que d'autres, s'il plaît à Dieu, mèneront à bonne fin (*facienda*).

Plusieurs, sans doute, surpris de la longueur de cette auto-bibliographie, penseront que l'auteur eût mieux fait de moins produire, et, sous le rapport de la forme, de tâcher de donner quelque chose de moins imparfait. Mais son ambition n'a jamais été de prendre place, même aux derniers rangs, parmi les littérateurs. Il n'a eu qu'un désir : faire connaître et aimer l'Oratoire, aux Oratoriens surtout, à quelques amis du dehors ensuite; et en le faisant connaître et aimer, contribuer à étendre le bien que Dieu l'a appelé à faire. On lui rendra, espère-t-il, cette justice que pendant ces quinze années il ne s'était guère détourné de la voie tracée : *Nosce prius familiam.*

Colmar, 25 décembre 1892.

1. M. Tamizey de Larroque dans sa *Bibliographie tamizéyenne.*

I

OUVRAGES

1877

1. — *Pèlerinage à Cérilly*[1]. Paris, Téqui. In-12 de 34 pages.

1879

2. — *Le Chancelier d'Aguesseau et l'Oratoire. Documents inédits.* Paris, Sauton. In-8 de 43 pages.

Cette brochure renferme vingt-trois lettres du célèbre chancelier adressées au P. Galipaud. Depuis sa publication, deux nouvelles lettres nous sont parvenues, qui auraient figuré dans une seconde édition. Les voici :

I

« A Fresne, le 13 decembre 1726[2].

« J'ay toujours bien compté, mon Reverend Pere, que mes remarques ne serviroient qu'a vous exciter à faire de nouvelles reflexions qui iroient bien plus loin que les miennes. J'espere au moins d'avoir acquis par là une espece de droit de voir vostre ouvrage quand vous l'aurés porté a sa derniere perfection. Je seray tres aise, en attendant, de voir ce que vous avés fait sur l'usure. C'est une matiere mixte qui est du ressort des magistrats, comme de celuy de l'Eglise, et sur laquelle j'ose dire que, pour bien raisonner, il faut que les theologiens s'abbaissent jusqu'à devenir jurisconsultes. Je n'auray point de peine à entrer dans ce que vous dites pour justifier les loix romaines, où j'ay toujours cru qu'on trouvoit les principes les plus surs et les plus solides qu'on puisse employer contre l'usure, quoiqu'il y ait des cas ou ces mesmes loix ne les ont pas bien appliquez. Tout ce qui sortira de vostre plume me fera toujours un veritable plaisir par la clarté et la solidité qui y regnent. J'en auray encore plus a profiter des occasions que vous me donnerez par là de vous assurer de toutte l'estime avec laquelle je suis, mon Reverend Pere, entierement à vous.

« DAGUESSEAU.

« Le R. P. Galipaud, prestre de l'Oratoire. »

1. ... *Ignorantias juventutis meæ ne memineris*... pourrai-je dire de cette première publication. — Malgré la naïveté de ce *péché de jeunesse*, j'éprouve une véritable satisfaction en constatant que les premières pages sorties de ma plume oratorienne sont, comme les dernières, un écrit en l'honneur du saint et vénéré cardinal de Bérulle.

2. L'original fait partie de la collection de M. Alfred Morrison, de Londres. (Autog.)

II

« A Auteuil, le 27 septembre 1735 [1].

« J'ay esté tellement troublé de quelques accidens exterieurs qui sont arrivés il y a deux jours à Me la Chancelliere, et d'ailleurs si detourné par deux voyages de Versailles, que je n'ay pu trouver le temps de vous ecrire, mon Reverend Pere, pour vous demander toujours la continuation de vos prières. Il avoit paru une playe sur la partie sur laquelle tout le corps pose sans pouvoir changer de situation, qui nous avoit fort alarmés. M. Gendron en avoit mesme esté frappé. Mais il a seu y remedier si promptement qu'elle est presque guérie. Le peu qui en reste ne scauroit estre emporté que par la suppuration, et elle commence ce soir. En sorte que M. Gendron n'a plus aucune inquiétude sur ce mal accidentel. Au surplus, son remede fait un très grand progrès par rapport a la maladie principale. L'enflure est si considerablement diminuée, que les parties malades ne sont presque plus reconnaissables. Le fond de la santé ne paroit point alteré d'ailleurs. L'appétit est bon, la digestion se fait tres bien, tous les autres signes sont favorables, mais le mouvement et le sentiment ne reviennent point encore aux parties que la lymphe avoit inondées. Il y a neanmoins quelque léger avant-coureur du retour des esprits animaux. Mais dans l'incertitude ou l'on est de la veritable cause du mal, il n'y a toujours que de trop grands sujets d'inquiétude. La malade le sçait, et Dieu luy fasse la grace de luy conserver toujours le mesme fond de soumission à sa volonté. Je sens le grand besoin que j'ay de vos prieres pour l'imiter, et je vous les demande avec une egale confiance dans leur ferveur et dans leur efficace. Priés donc pour un homme qui n'a presque pas la force de le faire luy-mesme, et soyés toujours bien persuadé que personne ne peut respecter vostre vertu plus veritablement que je le fais, mon Reverend Pere, ny vous estre plus parfaittement attaché.

« Au R. P. le P. Galipaud, assistant de l'Oratoire. « Daguesseau.

1879

3. — *Association de l'Oratoire de JÉSUS Notre-Seigneur et de Marie Immaculée.* Paris-Auteuil, Roussel. In-18 de 22 pages et 1 ffnn.

1880

4. — *Ephémérides oratoriennes.* Paris, Téqui. 2 in-18 de 365 pages.

Ont été publiés sous forme de calendrier à effeuiller; quatre exemplaires seulement sous forme de livre. Les dix premiers feuillets ont été imprimés par moi.

5. — *Essai de bibliographie oratorienne.* Paris, Poussielgue et Sauton. In-8 de VIII-200 pages (1880-82).

Parut en partie dans le *Moniteur bibliographique* de Féchoz (1879), puis en fascicules.
Cfr. la *Revue critique*, 11 février 1884, article de M. Gazier.
Beaucoup de notes et de documents ont été réunis pour l'édition définitive.

1. Archives nationales. — Autographe.

6. — *Généralats du cardinal de Bérulle et du P. de Condren.* Première partie du Recueil des *Vies de quelques prêtres de l'Oratoire* du P. Cloyseault. Paris, Sauton. In-18 jésus de LI-458 pages.

Tome Ier de la *Bibliothèque Oratorienne.*

Cfr. les *Comptes rendus de l'Académie des sciences morales et politiques*, décembre 1880, article de M. Nourrisson; *Annales de philosophie*, article de M. Xavier Roux.

7. — *Oratoriana.* Paris, Téqui. In-12 de 106 pages.

Contient :

I. De l'esprit de l'Oratoire, par le P. de Bérulle.
II. Conférences du P. Gillet.
III. Analyse du cinquième entretien du P. Lamy.
IV. Des assemblées générales.
V. Avis du P. de Bérulle aux prédicateurs.
VI. Conduite pour un jeune homme qui entre dans l'Oratoire.

8. — *Quatre lettres inédites du P. de Condren.* Paris, Sauton. In-8 de 8 pages.

Tirage à part du *Bulletin critique*, 1re année.

9. — *Découverte et réinhumation du corps du P. A.-L. de Sainte-Marthe, cinquième Supérieur général de l'Oratoire.* Paris, Sauton. Gr. in-4 de 16 pages.

Tiré à 50 exemplaires numérotés.

10. — *L'Oratoire et le jansénisme au temps de Massillon*, à propos d'un récent ouvrage de M. l'abbé Blampignon. Paris, Sauton. In-8 de 15 pages.

Tirage à part du *Contemporain.*

11. — *Le P. Galipaud, janséniste.* Supplément au *Chancelier d'Aguesseau et l'Oratoire.* Paris, Sauton. In-8 de 4 pages.

Paru dans le *Bulletin critique*, 1re année.

12. — *Annales de l'Oratoire.* Recueil mensuel.

1re année,	mars 1880 à février 1881.	Paris, Téqui.
2e —	mars 1881 à février 1882.	2 gr. in-4 de 85 et 96 pages.
3e —	mars 1885 à février 1886.	Montbéliard, Hoffmann.
4e —	mars 1886 à février 1887.	2 in-8 de 164 et 196 pages.

13. — C'est au commencement de l'année 1880 que fut fondé le *Bulletin critique*, par MM. Trochon, Sauton et Ingold, et c'est le 15 mai qu'il commença à paraître.

Après une année entière de publication, cette première direction fut remplacée par celle de MM. Duchesne, Ingold, Lescœur et Thédenat.

Enfin, en 1888, je quittai la direction du *Bulletin* pour être remplacé par M. Beurlier, depuis longtemps déjà secrétaire de la rédaction. Mon départ fut annoncé par mes collègues, dans les termes suivants :

« Nos lecteurs auront sans doute remarqué que le nom du P. Ingold ne figure plus sur la couverture de ce numéro. Le P. Ingold a entrepris un travail considérable qu le tiendra pendant longtemps éloigné de Paris. Ne pouvant plus assister à nos réunions, il a cru devoir renoncer à participer à la direction du *Bulletin critique*. Cette décision nous a causé une peine qui sera partagée par nos amis et par nos lecteurs. La compétence toute spéciale du P. Ingold dans les questions relatives à l'histoire de l'Église au dix-septième et au dix-huitième siècle, nous rendait son concours précieux. Nous avons toutefois la consolation de le conserver comme ami et comme collaborateur. »

A cause de leur intérêt pour l'histoire de l'Oratoire, je signalerai quelques-uns de mes articles du *Bulletin* :

1re année. (1er juin 1880.) — *L'Oratoire de Saint-Philippe de Néri*, du P. Jourdan de la Passardière (article signé RICHARD).
— (15 octobre 1880.) — *Lettre inédite du R. P. Bourgoing.*
— (15 mars 1881.) — *Une lettre de l'auteur du « Florus gallicus ».*
2e année. (15 octobre 1881). — *Une lettre inédite du cardinal Passionei.*
3e année. (1er septembre 1882.) — *Petit Carême de Massillon.*
— (1er juin 1882.) — *Lettres de saint Vincent de Paul.*
4e année. (1er mars 1883.) — *Cornelius Jansenius*, par Vandenpeereboom.
— (15 mai 1883.) — *Christophe de Beaumont*, par le P. Regnault.
— (1er août 1883). — *Les Premiers Jansénistes*, par Mgr Ricard.
5e année. (15 juin 1884.) — *L'Épiscopat de Massillon*, par M. Blampignon.
— (1er novembre 1884.) — *Lettres de Chapelain.*
6e année. (1er mai 1885.) — *Lettres de M. Olier.*
— (1er septembre 1885.) — *Histoire et description du temple de l'Oratoire.*
— (15 septembre 1885.) — *Neuf lettres inédites de Bossuet.*
— (15 octobre 1885.) — *Les Motifs de la conversion du comte de Brienne.*
8e année. (15 février 1887.) — *Surian*, par l'abbé Rosne.
— (1er août 1887.) — *Histoire du cardinal Le Camus*, par Bellet.
9e année. et suivantes. — *Mémoires de Saint-Simon*, éd. Boislisle.
13e année. (15 mars et 15 juillet 1882.) — *Les évêques et les archevêques de France*, par le P. Jean.

1881

14. — *Les Miracles du cardinal de Bérulle,...* d'après des documents inédits. Paris, Sauton. In-12 de 89 pages. Gravure.

1er volume de la *Petite Bibliothèque oratorienne.*
Cfr. le *Polybiblion,* avril 1881, article T. de L.

15. — *Méditations des prêtres avant et après la messe.....* par le P. Cloyseault. Nouvelle édition.... Lille et Bruges, librairie Saint-Augustin. In-16 de xv-362 pages.

1882

16. — *Considérations sur les mystères de JÉSUS-CHRIST, selon que l'Église les propose pendant le cours de l'année,* par le R. P. Ch. de Condren. Publiées pour la première fois. Paris, Poussielgue. In-18 de xxxv-225 pages. Portrait.

Tome VII de la *Bibliothèque oratorienne.*

17. — *Généralats du P. Bourgoing et du P. Senault.* Deuxième partie du Recueil... du P. Cloyseault. Paris, Poussielgue. In-12 de xii-382 pages. Gravure.

2e volume de la *Bibliothèque oratorienne.*
Sur ce volume cfr. le *Bulletin de l'Institut catholique de Toulouse,* 1er octobre 1882, article de M. Douais (cet article a été reproduit dans le *Moniteur de Rome* du 27 juin 1883).

18. — *Supplément à l'Essai de bibliographie oratorienne.* Paris, Téqui. Gr. in-4 de 19 ffnn., sur 2 colonnes.

Simple liste préparatoire, publiée à la hâte, pour faciliter les recherches en prévision d'une édition définitive. — De très importantes additions pour une *Bibliographie oratorienne* complète ont été réunies, et seront, espérons-le, utilisées par quelqu'autre. *Uno avulso non deficit alter.*

19. — *Le P. Joseph Bougerel, prêtre de l'Oratoire.* Notice biographique et bibliographique, d'après des documents inédits. Paris, impr. Téqui. In-12 de 161 pages et 2 ffnn.

Tiré à 50 exemplaires.
Forme le 2e volume de la *Petite Bibliothèque oratorienne,* 1re série.
La *Revue de Marseille* (*le Port-Royal de Provence,* 1891, p. 116 et 121) s'est occupée de cet ouvrage. On s'y étonne des « éloges décernés au P. Marrot, à Bougerel

et à plusieurs autres jansénistes ». Mais où l'auteur de l'article a-t-il vu qu'on louait le jansénisme, si jansénisme il y a, de ces divers personnages ? et qui me défendra de louer leurs vertus, leur sainteté, puisque sainteté il y a ?

Cfr. la *Revue critique*, 11 décembre 1882, article T. de L.

20. — *Note sur la fondation du grand séminaire de Strasbourg.* L'Oratoire en Alsace. Rixheim, Sutter. In-8 de 7 pages.

Avait paru dans la *Revue catholique d'Alsace.*

21. — *Le prétendu jansénisme du P. de Sainte-Marthe, cinquième supérieur général de l'Oratoire.* Paris, Poussielgue. In-8 de 107 pages. Portrait.

Cfr. sur ce volume et les deux protestations contre M. Jauffret, la *Revue des sciences ecclésiastiques*, notes d'un professeur, article de M. le Dr Didiot.

22. — *Protestation au sujet des accusations de M. Jauffret contre l'Oratoire.* Paris, Poussielgue. In-8 de 9 pages.

Avait paru dans le *Bulletin critique* du 15 octobre.

M. Jauffret ayant publié une *Réponse* (Marseille, Jouve, in-8), il y fut riposté par la

23. — *Deuxième protestation contre les accusations de M. l'abbé Jauffret.* Paris, Poussielgue. In-8 de 16 pages.

1883

24. — *Généralat du P. de Sainte-Marthe.* Troisième partie du Recueil... du P. Cloyseault. Paris, Poussielgue. In-18 jésus de VIII-439 p. Gravure.

Tome III de la *Bibliothèque oratorienne.*

Cfr. le *Contemporain*, 1er décembre 1883; le *Monde hebdomadaire* du 15 juillet; l'*Abeille d'Alsace-Lorraine* du 19 avril; le *Polybiblion* de mars, article de T. de L.; le *Français* du 8 octobre, article du P. Lallemand; le *Lorrain* du 4 novembre, article de M. Benoit; l'*Annonce de Saône-et-Loire*, article de M. Henri Batault...

Sur les trois volumes du Recueil du P. Cloyseault, cfr. l'*Instruction publique* du 8 septembre 1883; l'*Aquitaine* du 7 mars 1884, article de M. Allain; le *Progrès de l'Aisne* du 21 août 1885; la *Church Quarterly Review* de janvier 1884, article de G Masson; le *Bulletin bibliographique* de Lille, avril 1884, article du Dr Didiot....

Sur les conseils de mon excellent ami le P. Bonnardet, j'avais formé le dessein de donner une suite aux Vies de Cloyseault, en trois volumes également.

Le premier : *Généralats des Pères de la Tour et de La Vallette*, aurait contenu, avec les Vies de ces deux généraux (d'après Bicaïs et Tabaraud), les Vies des Pères Mascaron, Morel, Ameline, Pouget, Lelong, Lebrun, Bordes, Gaichiès, de Carrières,

Hubert, et une notice sur les Pères morts victimes de leur dévouement pendant la peste de 1720; — des Pères Batterel, Massillon, Surian, Fabre, de Lignac.

Le deuxième : *Généralats des Pères Muly et Moissey*, avec leurs vies, aurait renfermé les notices des Pères Giraud, Grozelier, Vauge, Raynaud, Bertier, Houbigant, Chapet, Mérault, Mandar, Arcère, Jaillot, et des notices sur nos martyrs de la Révolution.

Enfin le troisième volume : *Généralats des Pères Pététot et Perraud*, aurait contenu les notices des Pères Pététot (par le P. Lescœur); Gratry et Cambier (par Mgr Perraud); De Valroger, Magnier, de la Bastie, Charles Perraud, de Champgobert (par le P. Largent); H. Perreyve (par le P. Gratry); Simon (par le P. Bouscaillou); Mariote (par le P. Lallemand), etc.

25. — *Bossuet à Juilly*. Étude lue à l'inauguration d'un buste de Bossuet, d'après Coysevox. Paris, Poussielgue. In-8 de 24 p. Gravure.

26. — *Défense des Carmélites de France et du P. de Bérulle contre le P. Berthold Ignace de Sainte-Anne, carme déchaussé, définiteur général*, par un prêtre de l'Oratoire. Paris, Poussielgue. In-8 de 18 p.

Cet opuscule a été suivi d'un supplément (qui n'a également pas été mis dans le commerce), s. l. n. d. (Imp. Hoffmann, à Montbéliard), et sans titre, in-8, de 16 pages. Ce sont sept pièces justificatives de la brochure précédente.

A ces deux brochures, et surtout à l'ouvrage de M. Houssaye, le P. Albert de Saint-Sauveur a opposé deux gros volumes (Poussielgue, 1886 et 1889) sous le titre : *Une persécution qui ne désarme pas.* A cet ouvrage, lorsque le troisième volume annoncé aura paru, il sera facile de répondre, car ce sont toujours les mêmes vieilles attaques contre le P. de Bérulle. Aussi pourra-t-on intituler cette nouvelle défense : *Calomnies et révolte qui ne cessent pas*, calomnies contre le P. de Bérulle, révolte contre les décisions réitérées du Saint-Siège.

1884

27. — *Petit Calendrier oratorien.* Montbéliard, impr. Hoffmann. In-32 de 24 pages.

Imprimé en bleu.

28. — *L'abbé Bautain.* Étude sur sa vie et ses œuvres, avec des documents inédits. Paris, Poussielgue. In-8 de 27 pages. Portrait.

Tiré à 50 exemplaires.
Avait paru dans le *Correspondant*.

29. — *Découverte et translation au collège de Juilly du corps du*

P. Charles de Condren. 2-10 juillet 1884. Avec 2 planches. Paris, Poussielgue. In 4 de 16 pages.

Cfr. la *Semaine religieuse de Châlons* du 23 août, article de M. Lucot; le *Français* du 11 août, art. du P. Lallemand, etc., etc.

« Père Ingold, vous pouvez mourir! » me dit à cette occasion un confrère, le P. M***. Il avait raison : dussé-je vivre cent ans, je ne ferai jamais meilleure chose que cette découverte [1].

30. — *Georges Devin* (Paris, Imprimerie Dumoulin). In-18 de 30 pages.

31. — *Mascaron et Mlle de Scudéry, d'après une correspondance inédite.*

Dans le *Correspondant* du 25 novembre 1884, p. 641 à 657.

32. — *La mort, le testament et l'héritage de Malebranche.* Paris, Poussielgue. In-8 de 15 pages.

Avait paru dans les *Annales de philosophie chrétienne.*

Cfr. le compte rendu de la séance du 21 juin de l'Académie des sciences morales, communication de M. Nourrisson.

1885

33. — *L'Oratoire et la Révolution.* Paris, Poussielgue. Gr. in-8 de 102 pages.

Avait paru dans la *Revue de la Révolution.*

Cfr. le *Monde* du 15 septembre 1885; la *Revue poitevine et saintongeaise*, septembre 1885, article de J. Berthelé, etc.

34. — *Archives de l'évêché de Luçon.* Paris, Poussielgue. In-8 de 118 pages.

Des dix études dont se compose ce volume, parues pour la plupart dans la *Semaine catholique* de Luçon, la 7e, la 9e et la 10e concernent spécialement l'Oratoire, et les autres Barrillon, évêque de Luçon, qui fut élevé à Juilly.

35. — *Méditations pour tous les jours de l'année, sur les vérités et les excellences de JÉSUS-CHRIST Notre-Seigneur*, par le R. P. Bourgoing. Nouvelle édition, revue avec soin et enrichie de sommaires, pour la

1. Au point de vue archéologique et historique, la découverte — faite l'an dernier — des tombeaux des PP. Jaillot et Arcère, historiens de la Rochelle et fondateurs de l'Académie de cette ville, a peut-être plus d'importance. Par suite de circonstances indépendantes de ma volonté, les restes de ces deux savants et illustres oratoriens attendent encore leur sépulture définitive. Espérons qu'à l'Oratoire on s'en souviendra.

préparation de la méditation la veille au soir. Première partie. Paris, Téqui. 3 in-18 de 24-XXXVI-485, III-XXXVI-513 et III-XXXVI-567 pages.

Cfr. le *Français* du 25 mai 1886, article du P. LALLEMAND; l'*Ami du clergé* du 11 février 1802; l'*Univers* du 22 février; le *Polybiblion*, mai 1886, article T. de L.; le *Monde* du 3 mars 1886; le *Sacré-Cœur*, décembre 1892, article du P. DEIDIER, etc.

36. — *Notice historique sur la famille Ingold.* 4 p. in-folio. Avec une planche.

Tirage à part des *Annales historiques* de M. Tisseron, 41e année.

1886

37. — *Le P. de Sainte-Marthe, architecte.* Paris, Poussielgue. In-8 de 9 pages.

Premier numéro de la *Petite Bibliothèque oratorienne*, 2e série.

Avait paru dans la *Revue poitevine et saintongeaise* de novembre 1885.

38. — *La Vie du R. P. Malebranche, prêtre de l'Oratoire, avec l'histoire de ses ouvrages*, par le P. André, de la Compagnie de Jésus. Paris, Poussielgue. In-18 de XVIII-425 pages. Portrait.

Tome VIII de la *Bibliothèque oratorienne*.

Sur les bienveillantes observations de M. l'abbé Drioux, un carton, accentuant quelques réserves, a remplacé la dernière page de l'Introduction dans la plupart des exemplaires.

Cfr. la *Bibliographie catholique* de janvier 1887, article A. BOUÉ; la *Revue catholique d'Alsace* de juin 1886; le *Polybiblion* de mai 1886, article T. de L., et novembre, article Léonce COUTURE; l'*Enseignement chrétien* du 16 mars; la *Revue historique* de mai; la *Revue philosophique*, article LECHALAS; le *Monde* du 2 juin; la *Revue critique*, article de M. GAZIER; le *Journal officiel* du 1er juillet, compte rendu de l'Académie des sciences morales, par M. NOURRISSON; l'*Instruction publique* du 20 mars 1886, article F. B. (Francisque BOUILLER) et même journal, du 3 avril, réponse du P. Ingold.

L'*Ami du clergé* du 30 décembre 1886, article de M. DALLIBERT (M. l'abbé MÉRIC), et même journal, 3 février 1887, réponse du P. Ingold.

Cfr. aussi le *Discours de M. Nourrisson, à Juilly, pour l'inauguration du buste de Malebranche, 10 juillet* 1887 (Paris, Dumoulin), où se trouve, p. 6, cet appel qu'entendra sans doute un jour quelque oratorien meilleur philosophe que moi : « Le P. Ingold ne devra s'en prendre qu'à lui-même, si, devenus exigeants, nous osons lui demander davantage. Il a nourri quelques instants l'espoir de rendre à l'Oratoire le corps de Malebranche, comme il lui a rendu naguère la dépouille du P. de Condren. A défaut de ces précieuses reliques, nous l'en conjurons, qu'il réunisse les écrits dispersés de Malebranche (cette entreprise laborieuse ne passe ni son dévouement ni son talent), et que prochainement (ce sera un nouveau jour de fête), il vienne déposer au-dessous de ce marbre qu'a su animer le ciseau d'un habile artiste; qu'il vienne déposer au-dessous du buste de Malebranche ce qui, plus que le marbre ou le bronze, restera en l'honneur de Malebranche un monument impérissable : l'édition de ses œuvres, mais l'édition complète et définitive, qu'avec une légitime impatience attend encore la philosophie. »

1887

39. — *Lettres au T. R. P. Pététot par les Pères de Valroger et Gratry* (1858-1860). Abbeville, Paillard. In-8 de 22 pages.

« Quand je serai mort... (disait le P. Pététot), on écrira probablement sur moi quelque chose. Pour empêcher un mensonge, j'ai l'idée de déposer chez un notaire et d'exiger qu'on imprime après moi deux lettres que j'ai reçues de N... et de N... (il me les nommait). Là je suis traité comme je le mérite; on y démontre mon incapacité radicale. » Le vénéré Père a perdu l'idée de déposer ces lettres chez un notaire; mais ce qui montre bien la sincérité de son humilité, c'est qu'autant il a été soigneux d'anéantir absolument toutes les lettres qui pouvaient tourner à sa louange, autant il a pris de précautions pour que ces lettres moins qu'aimables fussent précieusement gardées. Elles subsistent encore et sont tombées sous nos yeux. Et, de plus, nous avons une note écrite de sa main déjà défaillante, peu de temps avant sa mort, où il se plaignait que ces mêmes lettres fussent égarées, se proposant de faire des recherches pour les retrouver. (P. Lescœur, *Notice sur le P. Pététot*, p. lxxxi.)

En publiant ces deux lettres, que le hasard fit tomber entre mes mains lors du déménagement de la rue du Regard, j'ai donc, comme l'indique l'épigraphe du titre, répondu aux secrets désirs du P. Pététot.

La note de la dernière page annonce la publication postérieure de nouveaux documents du même genre, à utiliser par l'historien futur du nouvel Oratoire.

40. — *L'Église de l'Oratoire Saint-Honoré, étude historique et archéologique.* Paris, Poussielgue. In-8 de 122 pages, avec 8 gravures.

N° VIII de la *Petite Bibliothèque oratorienne*, 2e série.

Cfr. le *Bulletin historique et littéraire* de la Société de l'histoire du protestantisme français, 15 mai et 15 juin 1888; la *Revue historique* de janvier 1889, etc.

41. — *Bullaire de la Congrégation de l'Oratoire.* Première partie : Bulles, brefs et autres actes pontificaux concernant la Congrégation en général. Paris, Poussielgue. In-8 de 41 pages et 1 ffnn.

Petite Bibliothèque oratorienne, 2e série, n° V.

Pour être complet, ce *Bullaire* devra contenir deux autres parties.

42. — *Lettres-circulaires des Supérieurs généraux de l'Oratoire.* Paris, Poussielgue, 1887. In-8 de 76 pages.

De la *Petite Bibliothèque oratorienne*, 2e série, n° VI.

Ne contient que les circulaires des deux premiers généraux.

43. — *L'Oratoire et le jansénisme.* Paris, Poussielgue. In-8 de 21 p. et 1 ffnn.

Cette étude parut pour la première fois dans le quatrième volume des *Questions controversées*, publiées par la Société bibliographique.

Cette 2e édition, quelque peu améliorée, a été tirée à 50 exemplaires, à l'occasion du Jubilé sacerdotal de Léon XIII.

44. — *Bullaire des Religieuses de Notre-Dame de Miséricorde, de l'Ordre de Saint-Augustin.* Paris-Auteuil, Roussel. In-8 de 23 pages.

45. — *De la piété envers JÉSUS-CHRIST, où l'on explique le dessein, l'objet et l'esprit de la Fête de JÉSUS, qui se célèbre le 28 janvier par les prêtres de l'Oratoire.* Paris, Poussielgue. In-8 de 15 pages.

N° IV de la *Petite Bibliothèque oratorienne*, 2e série.

Cet opuscule du P. Quesnel a été réédité à l'occasion de la première célébration, par le nouvel Oratoire, de la solennité de JÉSUS.

46. — *Officia propria Congregationis Oratorii D. JESU et Mariæ Immaculatæ.* Turonibus, Mame. In-12 de 48 pages.

47. — *Missæ propriæ Congregationis Oratorii D. J. et Mariæ Immaculatæ.* Turonibus, Mame. In-folio de 8 pages.

Inachevé ainsi que le précédent. Mais l'an dernier (1892), j'ai confectionné en entier le Propre nouveau, soumis en ce moment même à la Congrégation des Rites.

48. — *Une lettre et un manuscrit inédits du P. de Condren.* Paris. In-8 de 14 pages.

Tiré à 50 exemplaires. Imprimé *per le nozze* du Dr Merklen.

Numéro V de la 2e série de la *Petite Bibliothèque oratorienne.*

49. — *Directorium chori sive brevis psalmodiæ ratio ad usum Congregationis Oratorii.* I pars : Officia propria. S. l. n. d. (Tours, Mame.) In-8 de 26 pages.

Inachevé et tiré seulement en épreuves.

1888

50. — *Notice sur le vénérable P. Antoine Yvan.* Paris, Poussielgue. In-12 de 62 pages et 1 ffnn.

Numéro III de la *Petite Bibliothèque oratorienne.*

Tiré à 500 exemplaires, dont 50 sur Hollande, numérotés, avec deux gravures.

C'est la Vie de Cloyseault avec quelques augmentations dans le texte et en note.

Cfr. le *Var* et la *Gazette du Midi* des 3 et 4 janvier 1889, article d'E. du Crozet; le *Journal de Forcalquier* du 21 octobre 1888, article T. de L.; le *Journal de Marseille* du 11 janvier; le *Courrier du Midi* du 9 janvier, article de M. P. Terris, etc.

51. — *Bibliographie et iconographie de l'Ordre des Augustines de Notre-Dame de Miséricorde.* Paris, Poussielgue. In-12 de 31 pages et 1 ffnn.

Tiré à 100 exemplaires. Forme le numéro IV de la *Petite Bibliothèque oratorienne*, 2e série.

52. — *Albert Richard.* Colmar, impr. Jung. In-8 de 13 pages.

Extrait du Bulletin de l'Association des anciens élèves du collège libre de Colmar, et résumé de l'étude publiée par M. Campaux, dans le *Contemporain*, en 1881.

53. — *Notice historique et archéologique sur Luçon.* S. l. n. d. (Paris, Boussod et Valadon.) Grand in-folio de 32 pages, avec 15 héliogravures et 15 gravures dans le texte.

Tirage à part de douze exemplaires des *Paysages et monuments du Poitou*, de Robuchon.

54. — *Direction pour l'oraison, contenant 24 avis pour bien faire la méditation*, par le P. Bourgoing. Nouvelle édition. Paris, Téqui. In-18 de 138 pages.

1889

55. — *Un sermon inédit de Richelieu* (Noël 1608). Luçon, Bideaux. In-8 de 16 pages.

Avait paru dans la *Semaine catholique de Luçon.*

56. — *Les Cloches de Luçon.* Vannes, Lafolye. In-8 de 10 pages.

Tirage à part de la *Revue du Bas-Poitou.*

1890

57. — *Archives de l'évêché de Luçon*, publiées sous la direction de M. l'abbé Pontdevie et du P. Ingold.

Recueil périodique publié par Bideaux, à Luçon. — Depuis un an, M. Pontdevie est seul chargé de la direction de cette publication.

58. — *Le Bienheureux Jean Juvénal Ancina, de l'Oratoire, évêque de Saluces.* Son éloge par saint François de Sales, précédé d'une notice,

Lille, Société Saint-Augustin. In-32 de 28 pages, avec un portrait.

Cfr. le *Monde* du 12 mai 1890, article de Dom PIOLIN.

1891

59. — *Méditations sur les litanies de JÉSUS et de la sainte Vierge*, par le P. Bourgoing. Nouvelle édition, revue avec soin et enrichie de sommaires. Paris, Téqui. In-18 de x-571 pages.

Ce volume comprend à lui seul la deuxième partie de l'ouvrage du P. Bourgoing. Cfr. la *Défense* du 7 février 1892, article du P. LALLEMAND; les *Études* des Pères Jésuites, partie bibliographique, 1881, p. 154 et 819, articles du P. CHÉROT; le *Sacré-Cœur*, avril 1891, article du P. DEIDIER, etc.

Il y aurait, pour compléter la réimpression du P. Bourgoing, à publier encore la troisième et la quatrième partie de son admirable ouvrage. La troisième partie (les *Méditations sur les Évangiles*) devait former deux volumes : la préparation du premier était fort avancée, et S. E. le cardinal Richard avait bien voulu faire espérer à l'éditeur une lettre approbative pour ce volume. La quatrième partie (*Méditations sur les fêtes des saints*) devait comprendre quatre volumes. L'ouvrage entier en aurait ainsi formé dix.

60. — *Quel est l'auteur des Méditations sur les Mystères de la foi et sur les Épîtres et Évangiles, par un solitaire de Sept-Fonts ?* Paris, Téqui. In-8 de 16 pages.

Cfr. le *Sacré-Cœur*, mai 1891, article du P. Deidier.

61. — *Saint-Gilles-sur-Vie. Le Château de Beaumarchais.* S. l. n. d. (Paris, Boussod et Valadon.) Gr. in-folio de 20 pages, avec 8 héliogravures et 22 gravures dans le texte.

Tirage à part, de vingt exemplaires, des *Paysages et monuments du Poitou.*

1875-1891

62. — *Images et prières oratoriennes.* Recueil factice d'images et prières imprimées à diverses époques, comme suit :

Memento des grands catholiques du dix-neuvième siècle. 1875.
Image de N-D des Vertus, avec l'inscription placée à mes frais dans l'église. 1877.
Image du P. de Bérulle, avec diverses prières. 1878.
Prière oratorienne avant la lecture du Nouveau Testament. 1880.
Prière en l'honneur du P. Gault. 1880.
Prière du P. de Bérulle pour l'Oratoire. 1880.
Image de Notre-Dame des Vertus avec le P. de Bérulle. 1881.

Image du P. Yvan. 1882.
Image du P. de Condren. 1884.
Image du P. Gault. 1885.
Prière avant le Nouveau Testament. Nouvelle édition. 1886.
Les Trois Actes oratoriens. 1887.
Image du P. de Montfort. 1888.
Image du Saint Enfant Jésus de Beaune, 1889.
Image du P. de Bérulle (Devalois). 1891[1].

63. — *Le P. Mariote.* Notices biographiques. Lettres à des écoliers... etc... Paris Poussielgue, in-18 de 3 ffnn-12 et 205 pages.

Cet extrait de l'*Annuaire de Saint-Pé*, augmenté de quelques documents, forme le n° 5 de la *Petite Bibliothèque oratorienne.*

1892

64. — *Lettres du cardinal Le Camus, évêque et prince de Grenoble.* Paris, Picard. In-8 de XIV-607 pages.

Ouvrage honoré d'une souscription de 500 francs du ministère de l'Instruction publique.

Cfr. le *Bulletin du bibliophile*, mai 1892, article de M. du Boys; le *Pays*, article du P. Lallemand; le *Bulletin de la Société de l'histoire de France*, 1892, p. 72, article de M. de Boislisle; la *Revue critique* du 20 juin, article T. de L.; le *Bulletin critique*, 15 juin, article Baudrillart; les *Études* des PP. Jésuites, partie bibliographique, 30 avril, article du P. Chérot.

65. — *Le P. Mertian.* Paris, Poussielgue. In-8 de 4 ffnn-8 pages. Gravure.

Tirage à part, de 50 exemplaires numérotés, de la *Revue catholique d'Alsace.*

66. — *Les Ex-libris oratoriens.* Paris, Poussielgue. In-8 de 15 pages, avec 10 gravures typographiques et 3 héliogravures.

10e et dernier numéro de la *Petite Bibliothèque oratorienne*, 2e série.

Tiré à 50 exemplaires numérotés.

A été reproduit dans le numéro de juin de l'*Ex-libris Society* (traduit en anglais par M. Walter Hamilton); dans la *Curiosité universelle,* 10 octobre, et enfin, dans l'ouvrage du même M. Hamilton : *French Book Plates*, p. 114 à 119.

67. — *Cantus varii ad usum Congregationis Oratorii Domini JESU et Mariæ Immaculatæ.* Parisiis, Poussielgue. In-8 de 60 pages.

Avec la collaboration de M. Jules Courcoux, de l'Oratoire.

1. Notons encore les cahiers à images du P. de Bérulle, P. Yvan, S. Philippe, de Juilly, avec notices (Sanard et Derangeon). 1892.

Ce volume contient en Appendice les *litanies de Jésus souverain Prêtre* du P. de Condren et un Essai de bibliographie liturgico-oratorienne.

68. — *Les Pères de l'Oratoire qui ont été évêques.* Paris, Poussielgue. In-18 de 29 pages.

Tome VI de la *Petite Bibliothèque oratorienne*, 1re série.

69. — *Méditations sur les vérités et excellences de JÉSUS-CHRIST Notre-Seigneur*.... Trente-deuxième édition, revue avec soin.... Première partie. Paris, Téqui. 3 in-18 de xxiv-485, iii-513 et iii-567 pages.

Nouveau tirage avec corrections du numéro 35.

70. — *Ordo divini officii recitandi, missæque celebrandæ pro annis 1887-1892.*

A ces divers Ordos, imprimés en divers lieux, ont été chaque année ajoutés quelques documents, tels que *Listes des morts*, *Brefs concédant les offices*, *Brefs de l'Association de l'Oratoire*, etc., etc.

II

COLLECTIONS

a) BIBLIOTHÈQUE ORATORIENNE

Comme on l'a déjà vu, plusieurs séries d'ouvrages édités sous le titre de *Bibliothèque*, ont été publiées par mes soins.

En voici la nomenclature complète[1] :

1, 2, 3. — *Généralats du cardinal de Bérulle et du P. de Condren; — du P. Bourgoing et du P. Senault; — du P. de Sainte-Marthe.*

4. — *Discours de l'état et des grandeurs de Jésus*, par le cardinal DE BÉRULLE. Grand in-12 de LX-602 pages.

C'est l'édition Piquand (Angoulême, 1865) dont j'ai acheté le reste, et à laquelle j'ai ajouté une table analytique (p. 587 à 602).

5. — *Idée du sacerdoce et du sacrifice de JÉSUS-CHRIST*, par le P. DE CONDREN. 1 vol. de 425 pages.

6. — *Lettres du P. de Condren.* 1 vol. de XVI-438 pages.

Ces deux volumes sont de l'édition Pin. L'*Idée du Sacerdoce* est épuisée. Quant aux *Lettres*, dont il ne reste plus qu'une cinquantaine d'exemplaires, j'en avais préparé une nouvelle édition.

7. — *Considérations sur les mystères de JÉSUS-CHRIST*, par le P. DE CONDREN.

8. — *Vie de Malebranche*, par le P. ANDRÉ.

9. — *JÉSUS-CHRIST*, conférences prêchées à l'Oratoire, par le P. LESCŒUR. In-12 de XIII-423 pages.

10 et 11. — *Vie de saint Philippe Néri*, par le cardinal CAPECELATRO,

1. Je ne répète que les titres des ouvrages dont il a été question précédemment.

traduite sur la seconde édition, par le P. de Bezin. 2 vol. de VII-579 et 2 fnn.-700 pages.

12. — *Méditations sur tous les évangiles du carême et de la semaine de Pâques*, par le R. P. Pététot, supérieur général de l'Oratoire, précédées d'une notice biographique sur l'auteur, par le P. Lescœur. 1 vol. de CXI-385 pages.

13. — *Le Dogme de la vie future et la libre-pensée contemporaine*, par le P. Lescœur. 1 vol. de III-476 pages.

Devaient venir ensuite :

La Vie et les grandeurs de la très sainte Vierge Marie, Mère de Dieu, par le P. Gibieuf. 2 vol.

Voici comment cette publication a été annoncée par le P. Dom Emmanuel, abbé du monastère olivétain de Notre-Dame de la Sainte-Espérance :

UNE BONNE NOUVELLE

« Dans les temps si lamentables que nous traversons, souvent nous apprenons des nouvelles si attristantes, que c'est une vraie consolation d'en recevoir une bonne.

« Or, nous allons apprendre à nos lecteurs cette bonne nouvelle, absolument inédite, et aussi bonne qu'elle est nouvelle.

« Dans cette première moitié du dix-septième siècle, qui fut une si belle époque pour l'Église de France, parut à Paris (en 1637) un livre intitulé : *la Vie et les grandeurs de la très sainte Vierge Mère de Dieu*. (2 volumes.)

« L'auteur était le P. Gibieuf, de l'Oratoire.

« Nous n'hésitons pas à dire que jamais livre si savant et si pieux n'a été écrit sur la sainte Vierge. Le titre du livre est parfait; il annonce exactement ce que l'on trouve dans l'ouvrage : la vie et les grandeurs de la sainte Vierge.

« Si la France avait été fidèle aux grâces surabondantes que la miséricorde de Dieu versa sur elle dans la première moitié du dix-septième siècle, le livre du P. Gibieuf aurait eu un succès incomparable et serait devenu le manuel obligé de tous les dévots de Marie, c'est-à-dire de tous les vrais enfants de Dieu. Mais notre pauvre France crut avoir autre chose à faire qu'à servir Dieu et la sainte Vierge; et il arriva que, par suite de la malice des hommes, Dieu fut offensé, la sainte Vierge oubliée ou méconnue, ses pieux serviteurs furent dénoncés comme des *dévots indiscrets*.

« Le fleuve des divines grâces se détourna de nous, un déluge de maux fondit sur la France, et les eaux de ce déluge, plus de deux fois séculaire, ne se sont point encore retirées.

« Pourtant l'arc-en-ciel de la paix est apparu plus d'une fois, et la très sainte Vierge est venue et nous a dit d'espérer. C'est par elle que JÉSUS est entré dans le monde païen; c'est par elle qu'il rentrera dans notre monde plus païen que chrétien.

« Il importe donc que la très sainte Vierge soit connue, bien connue, mieux connue, et nous pensons qu'il n'y a pas au monde un livre plus propre à faire connaître la très sainte Vierge que le livre du P. Gibieuf. Malheureusement, il est rare et presque introuvable. Nous qui l'avons trouvé après l'avoir longtemps cherché et désiré, nous souhaitons de le voir entre les mains de tous les vrais chrétiens. Comment pourrait-il y arriver, sinon par une nouvelle édition ? Or, nous venons d'apprendre, et nous sommes vraiment heureux d'annoncer que cette nouvelle édition va être entreprise, et par une main d'ouvrier.

« Qu'on se dise donc la bonne nouvelle ! Que les feuilles religieuses l'annoncent ! Que les enfants de Dieu se mettent en mesure d'acheter le livre dès qu'il paraîtra, afin de hâter le bien qu'il devra produire, et la gloire qu'il procurera à la très sainte Vierge. »

Cet extrait du *Bulletin de l'Œuvre de Notre-Dame de la Sainte-Espérance*, octobre 1892, ne va-t-il pas encourager quelque oratorien à entreprendre ce travail?

La Vie du P. de Condren, avec la collaboration du P. Lallemand.

Les matériaux sont en partie réunis, mais qui les mettra en œuvre et en fera un beau volume, digne suite du grand et excellent ouvrage de M. Houssaye?

La Vie du P. Yvan, par M. l'abbé Buathier.

Celle-ci paraîtra ; la publication dans le *Bulletin de la garde d'honneur* en est déjà fort avancée. Mais ma *Bibliothèque oratorienne* ne bénéficiera plus de cette œuvre remarquable, digne en tous points et du héros du livre et de l'auteur du *Sacrifice*.

Le Traité de JÉSUS-CHRIST souverain prêtre, par le P. Thomassin.

C'eût été la première traduction française de cet admirable ouvrage.

Lettres du cardinal de Bérulle.

La plupart inédites. Près de deux cents copies ont été faites.

b) PETITE BIBLIOTHÈQUE ORATORIENNE

(PREMIÈRE SÉRIE)

1. — *Les Miracles du P. de Bérulle.*
2. — *Le P. Bougerel.*
3. — *Le P. Yvan.*
4. — *Bibliographie et iconographie de la Miséricorde.*
5. — *Le P. Mariote.*
6. — *Les Pères de l'Oratoire qui ont été évêques.*

Cette série devait se continuer par :

7. — *Lettres inédites du P. Lelong*, publié avec la collaboration de M. Henri Stein, des Archives nationales.

8. — *Le Premier Séminaire de France : Saint-Magloire.*

9. — *Lettres du P. Bougerel.*

10. — *Table alphabétique de toutes les biographies d'Oratoriens imprimées ou manuscrites,* qui se trouvent dans les recueils de Batterel, Bicaïs, Bonardy, Bougerel, Cloyseault (Auteurs, Ménologe et Recueil), Adry, Vies édifiantes, etc., etc., (près de 500 notices).

c) PETITE BIBLIOTHÈQUE ORATORIENNE

DEUXIÈME SÉRIE (TERMINÉE)

1. — *Le P. de Sainte-Marthe, architecte.*

2. — *L'Oratoire à Bordeaux*, par Ant. de Lantenay, membre correspondant des Académies de Metz et de Dijon. Bordeaux, Féret, 1886. In-8 de 182 pages.

Tiré à cinquante exemplaires.

3. — *Notice historique sur le pèlerinage de Notre-Dame des Ardilliers*, par l'abbé Choyer, chanoine honoraire d'Angers. Paris, Poussielgue, 1887. In-8 de 73 pages et 7 gravures.

4. — *De la piété envers Notre-Seigneur JÉSUS-CHRIST.*

5. — *Une lettre et un manuscrit inédits du P. de Condren.*

6. — *Lettres-circulaires des Généraux de l'Oratoire.*

7. — *Bullaire de l'Oratoire.*

8. — *L'Église de l'Oratoire Saint-Honoré.*

9. — *L'Oratoire et le Jansénisme.*

10. — *Les Ex-libris oratoriens.*

***

Une troisième série de la Petite Bibliothèque, en format in-32, devait contenir des opuscules ascétiques. Voici quel était le projet en préparation :

1. — P. de Bérulle. *Élévations à Dieu sur le mystère de l'Incarnation,* pour adorer les grandeurs suprêmes de JÉSUS et s'offrir à lui en l'état de l'humble servitude et absolue dépendance qui lui est due, par suite de l'union ineffable de la divinité avec l'humanité.

2. — P. de Condren. *Six sermons inédits.*

3. — P. Bourgoing. *Lignum vitæ*[1].

4. — P. Seguenot. *Conduite d'oraison pour les âmes qui n'y ont pas de facilité.*

5. — P. Malebranche. *Opuscules de piété.*

6. — P. Calabre. *Le Miserere.*

7. — P. Desmarets. *Élévations sur la Passion de Notre-Seigneur.*

8. — P. Bouchard. *Le Nouvel Adam.*

9. — P. Aveillon. *Retraite.*

10. — P. Duguet. *Opuscules de piété.*

1. Petit chef-d'œuvre qui contient douze séries de courtes méditations pour chaque mois de l'année. Le P. Bourgoing publia ensuite deux volumes de méditations en latin qui seraient également à rééditer pour les pays étrangers, et enfin les méditations en français.

III

TRAVAUX PROJETÉS ET NON EXÉCUTÉS

Outre ceux qui ont déjà été mentionnés, je citerai encore :

Notice sur l'église de Notre-Dame des Vertus, annoncée diverses fois.

Les matériaux de cette étude ont été réunis et se trouvent aux Archives de l'Oratoire[1].

Un *Essai d'iconographie oratorienne*, annoncé dans le *Bulletin critique* de 1884.

La publication du *Journal de voyage du P. Lecointe en Allemagne*, lors des traités de Westphalie.

Ce journal, que j'ai fait copier sur l'original de la Nationale (cette copie est aux Archives de l'Oratoire), devait être publié par feu M. Chéruel dans la *Revue de géographie* de M. Drapeyron. Mon vénérable ami voulut bien me céder sa place, mais le temps me manqua pour mettre ce projet à exécution. Si ce travail tente quelque membre de l'Oratoire, il devra en outre consulter, à la Nationale, les autres manuscrits de Le Cointe, les Relations d'Allemagne de Godefroy, les Lettres apologétiques de Servien, le manuscrit du P. Bougeant, les manuscrits de Brienne, d'Estaniol, etc., etc.

Les *Pensées du P. Gratry*, en collaboration avec le P. Charles Perraud.

Le manuscrit est à peu près terminé.

Une *Histoire du cardinal de Bérulle*, illustrée.

C'est pour cette publication que j'avais fait faire les 3 héliogravures qui ornent cet opuscule. Je comptais y mettre en outre, en chromolithographie, le superbe tableau de Philippe de Champaigne et beaucoup d'autres illustrations, en grande partie déjà réunies.

Pour le texte, le fond eût été le P. Cloyseault, avec beaucoup d'augmentations insérées dans le texte, de façon à en faire un livre intéressant le gros public et pouvant être donné en prix, sur le modèle du *Saint Ignace* du P. Clair.

1. Ces archives sont presque exclusivement formées par ma collection, acquise par l'Oratoire en 1890. Cette collection, que j'ai mis plus de quinze ans à réunir et qui a une importance capitale pour l'Oratoire, se compose de 5 séries de documents :

1) Documents sur les Oratoriens (autographes); — 2) Doc. concernant l'Oratoire en général; — 3) Doc. sur les maisons; — 4) Manuscrits (dont une centaine du P. Adry) et plaquettes ; — 5) Gravures.

IV

ARTICLES DE JOURNAUX ET REVUES

Outre les périodiques que j'ai fondés ou contribué à fonder (les *Annales de l'Oratoire*, le *Bulletin critique*, les *Archives du diocèse de Luçon*) et dont il a déjà été fait mention[1], j'ai collaboré, en divers temps, aux journaux et revues dont les noms suivent :

Le *Polybiblion*,
La *Revue catholique d'Alsace*,
L'*Union d'Alsace-Lorraine*,
Le *Correspondant*,
Le *Contemporain*,
Le *Monde*,
L'*Indicateur des bons livres*,
Le *Moniteur bibliographique*,
La *Revue de la Révolution*,
La *Revue poitevine et saintongeaise*,
La *Revue du Bas-Poitou*,
La *Semaine catholique de Luçon*[2],
Le *Dictionnaire biblique*, etc., etc.

1. Cfr. pages 12 et 21.
2. A laquelle j'ai donné notamment, pendant l'année 1884, des *Éphémérides diocésaines* pour tous les jours de l'année, formant un recueil factice (dont il y a un seul exemplaire) de 38 pages in-8.

TABLE DES MATIÈRES

LES TROIS STATUES DU CARDINAL DE BÉRULLE

APPENDICE

AUTOBIBLIOGRAPHIE

Imprimerie D. Dumoulin et Cie, à Paris.

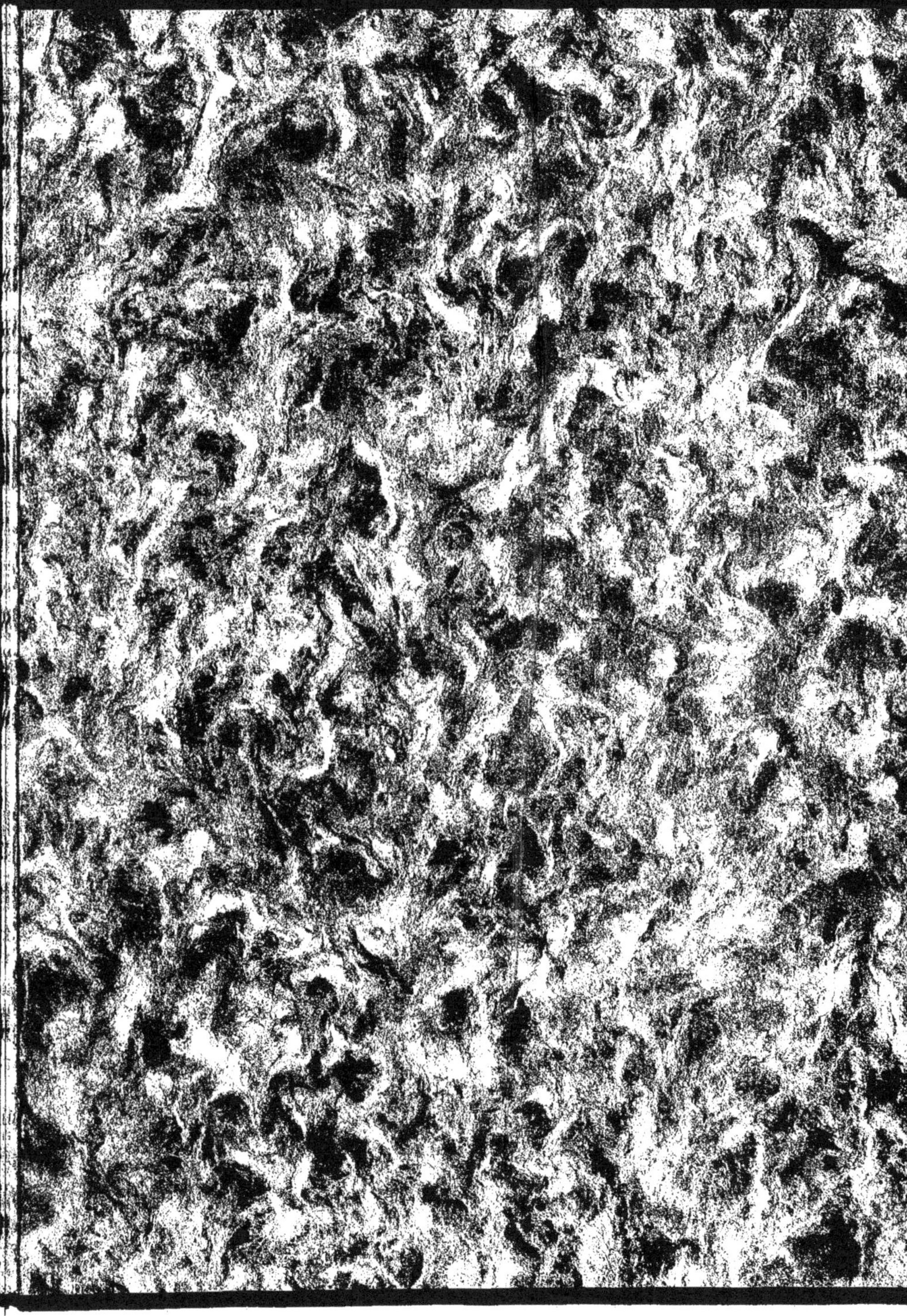

BIBLIOTHEQUE NATIONALE DE FRANCE
3 7531 04426433 2

www.ingramcontent.com/pod-product-compliance
Ingram Content Group UK Ltd.
Pitfield, Milton Keynes, MK11 3LW, UK
UKHW020424230726
13925UKWH00004B/1597

9 782014 434637